ことばって、おもしろいな

「ものの名まえ」絵じてん
学校

WILLこども知育研究所／編・著
森山卓郎・青山由紀／監修

もくじ

この本のつかい方 ……………………………………… 3

❀ 学校にある場所 ……………………………………… 4

❀ じゅぎょう …………………………………………… 6

❀ ぶんぼうぐ …………………………………………… 8

❀ うんどう ……………………………………………… 10

　コラム もっとクラスが楽しくなる！ 係を作ろう …… 12

❀ がっき ………………………………………………… 14

❀ じっけんきぐ ………………………………………… 16

❀ 手芸用品 ……………………………………………… 18

❀ くすり ………………………………………………… 20

　コラム どんなクラスにしたいかな クラス目標を作ろう … 22

❀ 行事 …………………………………………………… 24

❀ あそび ………………………………………………… 26

　● 学級新聞を作ろう ………………………………… 28

【 この本のつかい方 】

　この本は、学校にあるものや、学校ですることの名まえをあつめた本です。ものには1つずつ名まえがあります。また、同じなかまをまとめた名まえもあります。名まえを知っているものはどれくらいあるでしょうか。

　この本では、まとめた名まえの前に花のマーク🌼 をつけました。1つ1つのものの名まえには、花のマークの● だけがついています。

> 🌼 …まとめた名まえ　● …1つ1つのものの名まえ

●のついた「●ピアノ」「●もっきん」などは、1つ1つの名まえです。まとめた名まえが、🌼「がっき」です。

●のついた「●わだいこ」「●こと」などをまとめた名まえが、🌼「わがっき（日本のがっき）」です。

　ページの下のだんにはクイズなどがあります。楽しみながら、いろいろな名まえと出合い、ことばをふやしていきましょう。

> そのほか、「もっとクラスが楽しくなる！　係を作ろう」（p.12～13）や、「学級新聞を作ろう」（p.28～31）などを読んで、じっさいにやってみましょう。

学校にある場所

学校には、どんな「場所」があるかな。
学校のどのあたりにあるか、思いだしてみよう。

- 図工室
- 教室
- 図書室
- しょくいん室
- 校長室
- ほけん室
- しいくごや
- 校庭
- 校門

クイズ 1

つぎの3つの中で、ほかの2つとちがうものはどれかな。

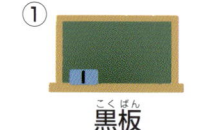

① 黒板　② シャンデリア　③ ロッカー

こたえ：②　①と③は教室にあるもの。②は教室にはないものだね。

● 音楽室
● パソコンルーム
● 家庭科室
● 理科室
● 放送室
● 給食室
● 体育館
● すなば
● プール

クイズ 2

つぎの3つのヒントがすべて当てはまる場所はどこかな。絵の中から1つさがそう。

・いいにおいがするよ。
・大きななべがあるよ。
・毎日みんなのために料理を作るよ。

答え：給食室

じゅぎょう

学校ではいろいろな「じゅぎょう」をうけるね。
みんながとくいなのはどの「じゅぎょう」かな。

● 国語 　　　● 算数 　　　● 生活

● 理科 　　　● 社会 　　　● 外国語活動

クイズ 3

つぎの①〜③は、それぞれ絵の中のどのじゅぎょうと
かんけいがあるかな。考えてみよう。

①足し算、引き算
②料理、さいほう
③てつぼう、ボール

答え：①は算数、②は家庭科、③は体育

- 音楽
- 図画工作（図工） 
- 家庭科 
- どうとく 
- 体育 
- そうごうてきな学習の時間 

そのほかの時間

- 朝の会
- 休み時間
- 給食

クイズ 4

つぎの３つのヒントがすべて当てはまるものは何かな。
音楽のじゅぎょうでつかうものだよ。

・音が鳴るものだよ。
・けんばんがついているよ。
・ふいてえんそうするよ。

答え：けんばんハーモニカ

🌸 ぶんぼうぐ

字や絵をかく時や、工作につかう「ぶんぼうぐ」。
学校ではどんな「ぶんぼうぐ」をつかうかな。

- クレヨン
- 色えんぴつ
- えんぴつ
- けしゴム
- えんぴつけずりき
- シャープペンシル
- ボールペン
- フエルトペン
- しゅうせいえき
- 筆箱
- 下じき
- ノート
- 三角じょうぎ
- ものさし
- 分度器
- コンパス

クイズ 5

つぎの3つの中で、ほかの2つとちがうものはどれかな。

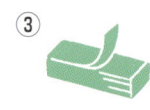

① せんたくばさみ
② ノート
③ ふせん

- 絵筆（えふで）
- パレット
- ちょうこくとう
- がびょう
- 絵の具（えのぐ）
- はさみ
- カッター
- クリップ
- わゴム
- 画用紙（がようし）
- のり
- ボンド
- せっちゃくざい
- あなあけパンチ
- ファイル
- ホチキス
- セロハンテープ

クイズ 6

ぶんぼうぐと、つかい方が正しい組み合わせになっているのはどれかな。

① コンパス …… 四角をかく
② ものさし …… 長さをはかる
③ のり …… 字をけす

答え：② ①のコンパスは円をかくもの、③ののりは紙などをくっつけるものだね。

🌸 うんどう

体育の時間は、どんな「うんどう」をするかな。
みんながとくいな「うんどう」はどれかな。

- じきゅう走
- 走りたかとび 
- 走りはばとび 
- たんきょり走 
- ハードル走 
- マットうんどう 
- とびばこ 
- てつぼう 
- ダンス 
- なわとび 
- ドッジボール
- 水泳 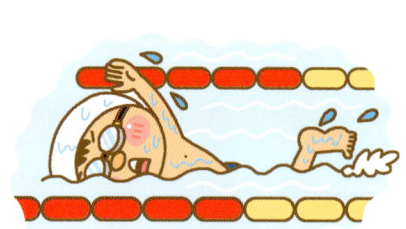

クイズ 7

つぎの3つの中で、ほかの2つとちがうものはどれかな。

① うで立てふせ
② ラジオたいそう
③ にわそうじ

こたえ：③ ①と②はうんどう、③はいえのしごとです。

● テニス　　　● バドミントン

● たっきゅう　　● バスケットボール　　● バレーボール

● サッカー　　● 野球　　● ソフトボール

クイズ 8

うんどうと、つかう道具を正しく組み合わせよう。

① 水泳　② テニス　③ 野球

ア グローブ　イ ゴーグル　ウ ラケット

コラム　もっとクラスが楽しくなる！ 係を作ろう

給食当番や、そうじ当番などは、いないとこまるしごとだね。このほかにも、そのしごとをする係がいたら、みんなが楽しくなる係を考えて作ってみよう。

1　どんな係があったら、みんながたすかるかな

こんな係があったら楽しいな、役立つなと思う係をあげよう。
その係のやくわりも考えてみよう。

> 自分やみんなが、かつやくできる係がいいね。

あったらいいなと思う係	係のやくわり
教室かざり係	・おり紙などで教室をきれいにかざりつける。 ・きせつに合わせたかざりを考える。
おたんじょう日係	・月ごとにたんじょう日の人をまとめておいわいする。 ・みんなにおいわいメッセージを書いてもらってわたす。
金メダル係	・いいことをした人に、手作りの金メダルをあげる。 ・金メダルがたくさんあつまった人に、しょうじょうをわたす。
あそび係	・休み時間にクラスみんなで楽しむあそびを考える。 ・みんながやってみたいあそびのアンケートをとる。
読書係	・みんなにおすすめの本をしょうかいする。 ・1か月ごとに、人気の本ランキングをはっぴょうする。

> なくてもすむ係かもしれないけど、あると楽しい係がいいな。

> 学期がかわったら、係を交代してもいいね。

2 係の名まえをつけよう

係でやることや、めざしていることがわかる名まえをつけよう。みんながわくわくするような楽しい名まえを考えてみよう。

教室かざり係は……
キラキラすてき！
教室デコレーション係

金メダル係は…… 
ありがとう！
金メダルぴっかぴか係

読書係は……
おすすめの本ならおまかせ！
本大すき係

おたんじょう日係は…… 
しゅやくはだあれ？
ハッピーバースデー係

あそび係は……
みんな天才！
あそびの王国係

▼ こんな係も楽しいね！

はやくて、せいかく！
おとどけびん係

教室を明るくしちゃおう！
お花かざり係

かぜなんてふきとばせ！
けんこうレンジャー係

歌で心を1つに！
ハーモニー係

すすんで外であそぼう！
体力アップ係

がっき

いろいろな音色の「がっき」。
形やえんそうの仕方が、にているものもあるね。
みんなの学校の音楽室にあるのは、どれかな。

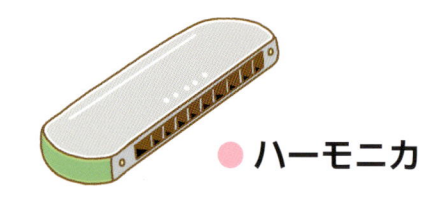

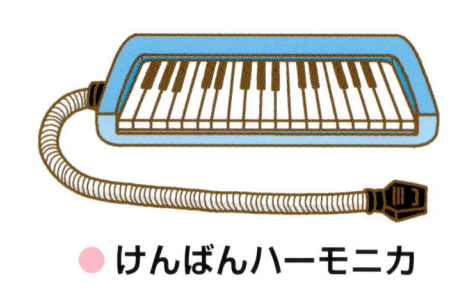

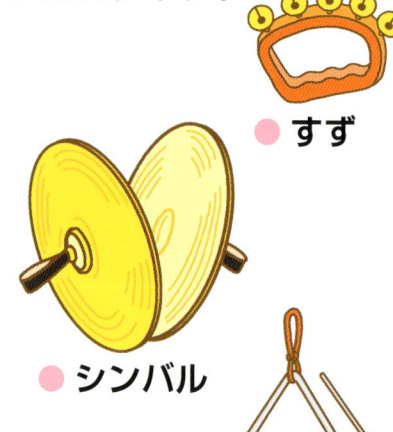

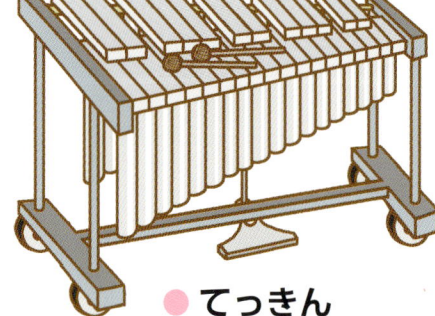

- ハーモニカ
- けんばんハーモニカ
- ピアノ
- オルガン
- タンバリン
- カスタネット
- すず
- ドラム
- もっきん
- てっきん
- シンバル
- トライアングル

クイズ 9

つぎの3つの中で、ほかの2つとちがうものはどれかな。

① テレビ
② トロンボーン
③ オカリナ

答え：①（②と③は音楽がっき、①は電気せいひんだから。）

- リコーダー
- フルート
- クラリネット
- トランペット
- ギター
- バイオリン
- チェロ
- ハープ

🌼 わがっき（日本のがっき）

- わだいこ
- こと
- しゃくはち
- しゃみせん

クイズ 10

がっきと、えんそうの仕方を正しく組み合わせよう。

① ピアノ　② タンバリン　③ リコーダー

ア たたく　イ ひく　ウ ふく

答え：①イ、②ア、③ウ

じっけんきぐ

理科室にはたくさんの「じっけんきぐ」があるよ。
見たことがあるのはどれかな。

- ビーカー
- 三角フラスコ
- 丸底フラスコ
- メスシリンダー
- しけんかん
- しけんかんばさみ
- バーナー
- シャーレ
- ピペット
- リトマスしけんし
- にゅうぼう
- にゅうばち
- ろうと
- ろし

クイズ 11

じっけんきぐと、つかい方が正しい組み合わせになっているのはどれかな。

① おんどけい / おんどをはかる
② ルーペ / 遠くを見る
③ じしゃく / おもさをはかる

- てんびんばかり
- ふんどう
- おんどけい
- しつどけい
- ルーペ
- じしゃく
- でんりゅうけい
- でんあつけい
- コイル
- まめでんきゅう
- けんびきょう
- カバーガラス
- プレパラート
- ぼうえんきょう

クイズ 12

つぎの３つのヒントがすべて当てはまるものは何かな。絵の中から１つさがそう。

- さらにものをのせるよ。
- さらは上下にうごくよ。
- もののおもさをはかるよ。

答え：てんびんばかり

手芸用品

さいほうにつかういろいろな「手芸用品」。
学校の家庭科室にもあるね。

- あみぼう
- ぬいばり
- まちばり
- はりやま
- 毛糸
- 糸
- 糸通し
- ゆびぬき
- かぎばり
- ししゅう糸
- ぬの
- フェルト
- わた

クイズ 13

つぎの3つの中で、ほかの2つとちがうものはどれかな。

① スパンコール
② 毛糸
③ スカート

答え：③（①と②は手芸用品、③はようふくだから。）

- たちばさみ
- 糸切りばさみ
- チャコペンシル
- じょうぎ
- めうち
- ファスナー
- ゴムひも
- メジャー
- ミシン
- ボビン
- ボタン
- ビーズ
- ワッペン

もっとアルアル

「ぬの」にもいろいろなしゅるいがあって、それぞれ名まえがあるね。
どんな名まえを知っているかな。

ぬの
・もめん　・あさ　・きぬ
・ナイロン　・羊毛（毛）
……ほかにもあるかな。

はりや糸、ボタンはどうかな。

くすり

病気やけがをした時のための「くすり」。
ほけん室には「くすり」のほかに何があるかな。

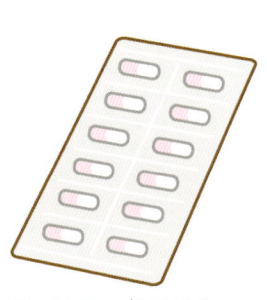

- 目ぐすり
- のみぐすり
- はりぐすり（しっぷ）
- ぬりぐすり
- 虫よけスプレー
- しょうどくやく

- じょうざい
- カプセル
- こなぐすり
- 水ぐすり

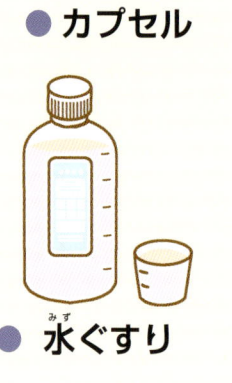

クイズ 14

道具と、つかい方が正しい組み合わせになっているのはどれかな。

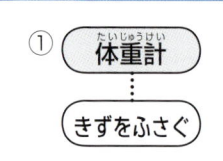

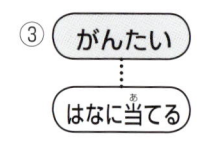

① 体重計 ─ きずをふさぐ
② 体温計 ─ ねつをはかる
③ がんたい ─ はなに当てる

答え：② ①の体重計は体重をはかるもの、③のがんたいは頭に当てるものだね。

病気やけがをした時につかう道具

- ばんそうこう
- ほうたい
- ガーゼ
- マスク
- がんたい
- さんかくきん
- だっしめん
- ピンセット
- めんぼう
- 体温計
- ひょうのう
- こおりまくら（水まくら）

体のじょうたいをはかる道具

- 体重計
- 身長計
- けつあつ計
- ちょうりょく計
- しりょくけんさひょう

クイズ 15

つぎの①〜③は、それぞれ絵の中のどれをさしているのかな。さがしてみよう。

① ほねがおれた時、こていするよ。
② せの高さをはかるよ。
③ せきやくしゃみが出る時、口をおおうよ。

答え：①さんかくきん、②しんちょうけい、③マスク

コラム　どんなクラスにしたいかな　クラス目標を作ろう

みんなで話し合って、自分たちのクラスの目標を作ってみよう。
声に出して言いやすく、おぼえやすい目標にしたいね。

❶「どんなクラス」にしたいか、あげてみよう

「こんなクラスだったらいいな」と思うものを、どんどんあげてみよう。
どんなクラスだったら、みんなが楽しくすごせるかな？

- わたしは、みんながなかよしのクラスにしたいな。
- ドッジボール大会でゆうしょうするようなクラスにしたいな。
- ○なかよく　○元気
- むずかしいなあ……。

❷「どんなことのないクラス」にしたいか、あげてみよう

どんなクラスにしたいかをあげるのが、むずかしかったら、「こんなことのないクラスにしたいな」と思うものも、あげてみよう。

- 弱いものいじめをすることがないほうがいいよ。
- 友だちの悪口や、なかま外れはいけないよね。
- じゅぎょう中、さわぎすぎるクラスはいやだな。
- でも、しーんとしずかすぎるのも、いやだな。
- そうだね。元気がないのはだめじゃないかな。

3 グループに分けてまとめよう

みんなから出た意見を、「勉強」のこと、「心・気もち」のこと、「体・けんこう」のことに分けてみよう。

勉強
- 先生の話をよく聞く。
- しゅくだいをわすれない。
- すすんではっぴょうする。
- 毎日読書をする。
- むずかしい勉強にもくじけない。

心・気もち
- みんななかよくする。
- いじめない。
- けんかをしない。
- おたがいにたすけあう。
- 笑顔ですごす。
- なかま外れにしない。
- 何にでもやる気をもってとりくむ。

体・けんこう
- 元気にすごす。
- かぜをひかない。
- たくさんうんどうをする。
- けがにちゅういする。

「元気にすごす」は目標のことばにぜひ、入れたいな。

4 おぼえやすくまとめよう

「5・7・5」にすると、リズムのある、声に出して言いやすい目標になるよ。
おぼえやすくまとめるには、ほかにはどんなまとめ方があるかな。

1年1組の目標
なかよしで
やる気いっぱい
元気な子

5・7・5だとおぼえやすいね。

頭の文字を読むと一番大事な目標になるよ。

1年2組のやくそく
3つの『き』
学習　やる　ききき
生活　ゆう
けんこう　げん

ぼくたちは、にたことばでまとめたよ。

1年3組　きずな
き まりを まもって
ず っと えがおの
な かよしクラス

🌸 行事

学校ではきせつごとの「行事」があるね。
みんなのすきな「行事」はどれかな。

- 遠足 
- 入学式 
- しぎょう式 
- そつぎょう式 
- 社会科見学
- しゅうがくりょこう

クイズ 16

行事と、かんけいがあるものの名まえを正しく組み合わせよう。

① 遠足　② しゅうぎょう式　③ 音楽会

ア 通知表　イ がっき　ウ べんとう

答え：①ウ、②ア、③イ

- じゅぎょうさんかん
- 夏休み・冬休み・春休み
- しゅうぎょう式
- 林間学校・りんかい学校
- 学習発表会
- 音楽会
- うんどう会

クイズ 17

つぎの３つのヒントがすべて当てはまる行事はどれかな。絵の中からさがそう。

- １年に１回行われるよ。
- 春に行う行事だよ。
- １年生をむかえるよ。

あそび

休み時間やほうかごにする「あそび」。
みんなはどんな「あそび」がすきかな。

- おにごっこ
- かげふみ
- かくれんぼ
- けんけんぱ
- かんけり
- だるまさんがころんだ
- ゴムとび
- おしくらまんじゅう

クイズ 18

つぎの3つの中で、ほかの2つとちがうものはどれかな。

① たこあげ　② 遠足　③ わなげ

- じゃんけん
- あっちむいてほい
- にらめっこ
- いすとりゲーム
- ハンカチおとし
- うでずもう

🌼 むかしながらのあそび

- あやとり
- おり紙
- お手玉
- けん玉
- 竹馬
- こま回し

もっとアルアル

「おにごっこ」にもいろいろなしゅるいがあって、それぞれ名まえがあるね。どんな名まえを知っているかな。

おにごっこ
・色おに　・こおりおに
・高おに　・ケイドロ（ドロケイ）
……ほかにもあるかな。

じゃんけんはどうかな。

27

学級新聞を作ろう

グループではっぴょうする方法のひとつに、学級新聞があるよ。
学校のことや町のことなど、みんなで協力してまとめてみよう。

1 大きな記事のないようをきめよう

新聞にはいろいろな記事がたくさんのっているね。
まずは、一番大きくとりあげる記事を何にするかをきめよう。

> どんな新聞だったら、みんなに楽しく読んでもらえるかな。

たとえば……

さいきんクラスでおきたこと
- びっくりじけん
- かんどうしたシーン

友だちのこと
- みんなのとくいなことや、しゅみをしょうかい
- 大切にしているものや、ペットのこと

行事のこと
- うんどう会で楽しかったこと
- 今度の遠足の楽しみ方

町のニュース
- 人気のあるお店のしょうかい
- 町や商店街の行事のこと

2 記事のざいりょうをあつめよう

みんなに話を聞いて、記事のざいりょうをあつめよう。
インタビューする前には聞きたいことをせいりしておくといいね。

1 インタビューしたい人をきめよう。

2 同じものや、にたものは1つにまとめよう。

○○先生に聞きたいこと
- うんどう会で楽しみにしていること
- すきな きょうぎ
- みんなへの メッセージ

> ほかにもこんなあつめ方があるよ。
> ・本でしらべる。
> ・アンケートをとる。

▼ インタビューの仕方

インタビューの前には……
・相手のつごうをかくにんして、話を聞く日をきめよう。
・聞きたいことを先につたえておこう。

インタビューの時には……
・話を聞く時は相手の目を見て、聞こう。
・気になったことはさらにくわしく聞こう。

毎日うで立てふせをしているんだ。

何回くらいしているの？

3 記事の文を書こう

1 記事の書き方をきめよう。

アンケートのけっかをひょうにしようか。

はやく走る方法はイラストでせつめいしたらどうかな。

どんな書き方があるかな？
・しゃしんといっしょにしょうかいする。
・イラストでせつめいする。
・図やひょうをつかう。
・まんがにする。

家にとどく新聞もさんこうにしてみよう。

2 作文用紙に記事の文を下書きしよう。文字のりょうがきまったら、どの記事をどこにかくかも考えてみよう。

この記事は目立たせたいから上のほうにかこう。

じゃあ、しゃしんはここがいいかな。

4 記事を清書しよう

いよいよ本番の紙にかくよ。かき方をくふうして、楽しい新聞にしよう！

新聞名はわかりやすく
中身に何がかいてあるか、つたわりやすい名まえをつけよう。

一番知らせたい話を上のだんに

4コマまんがでもっと楽しく！
絵のとくいな子にかいてもらおう！

先にえんぴつでかいた後、ペンなどでなぞれば、しっぱいなし！

せつめいはイラストつきで
ことばでのせつめいがむずかしいものは、イラストをそえると、ぐっとわかりやすくなるよ。

目を引く見出しをつけよう
1つ1つの記事のタイトルのことを、「見出し」というよ。みんなが読みたくなる見出しを考えてみよう！

新聞の例：うんどう会新聞（〇年△組）

ぜったいかつぞ!! ぜんいん玉入れ

休み時間になると、玉入れのかごをかりてきてクラスぜんいんでれんしゅうをしました。立ついちゃ、玉のなげ方をいろいろためしながらやっています。

うまく玉が入るやり方をがんばって見つけているところです。みんなで心を1つにしてぜったいかつぞ!!

もうすぐうんどう会がやってきます。本番まで…あと少し!!

うんどう会〜人気のきょうぎ〜
- 玉入れ 10人
- その他 8人
- つなひき 5人
- かけっこ 4人

お楽しみ♡スペシャルべんとう（4コマまんが）

〜本番にむけてれんしゅうするみんな〜

わたしたちがかきました!! 森山・まつ本・とみ田

木下先生に聞く!! はやく走るコツとは！？

かけっこではやく走れるポイントを、木下先生にインタビューしてみました。ぜひさんこうにしてみてくださいね。

走り方ポイント
- ポイント① ゴールを見る
- ポイント② うでをまっすぐ前へふる。
- ポイント③ 足で地面を強くけりあげる

たんにんの田村先生からおうえんメッセージ!!

クラスのみんなが1つの目標に向かってがんばるすがたが、本当にすばらしいです。最後まであきらめず、ぜんりょくでがんばってください。

Check! 最後に見直しをしよう！

- ☑ まちがっている文字やぬけている文字はないかな。
- ☑ 記事に出てくる人の名まえはまちがっていないかな。
- ☑ 下書きの線はきれいにけしたかな。

「教室やけいじばんにはろう！」

▼ ひとりでも作れる！ はがき新聞

はがき新聞って何？

はがきと同じ大きさの紙にかいて作る新聞のことだよ。かくところが少ないから、ひとりでもかんたんに作れるね。

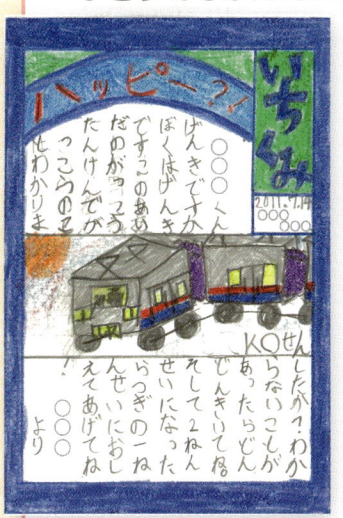

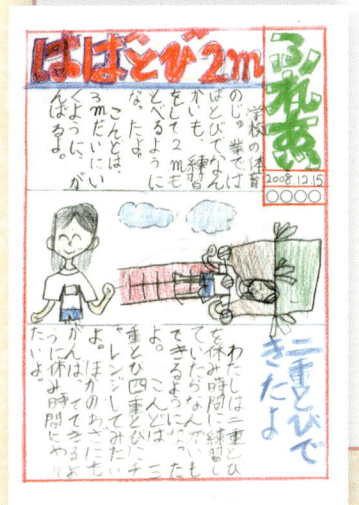

どうやってかくの？

かき方は大きな新聞とほとんど同じだけどポイントがあるよ。

・見出しは1つか2つにすると、わかりやすい新聞になるよ。

・かきたいことは、みじかくまとめよう。一番つたえたいことだけにしぼるといいね。

みんなで同じテーマで読みくらべたり、お世話になった人におくったりしよう。

監修 / 森山卓郎（もりやま たくろう）

京都府生まれ。大阪大学大学院文学研究科博士後期課程国文学専攻を修了。学術博士、早稲田大学文学学術院教授、京都教育大学名誉教授、国語教科書編集委員（光村図書）。おもな著書に、『コミュニケーションの日本語』『日本語の〈書き〉方』（いずれも岩波ジュニア新書）、『表現を味わうための日本語文法』（岩波書店）など。監修に、『写真て読み解く 類義語大辞典』（あかね書房）、「光村の国語 語彙を広げる！書いて、話して、伝わることば」シリーズ、「光村の国語 くらべて、かさねて、読む力」シリーズ（いずれも光村教育図書）など。

監修 / 青山由紀（あおやま ゆき）

東京都生まれ。筑波大学大学院修士課程を修了し、私立聖心女子学院初等科教諭を経て、現在は筑波大学附属小学校教諭、日本国語教育学会常任理事、全国国語授業研究会常任理事、季刊『子どもと創る「国語の授業」』（東洋館出版社）編集長、ことばと学びをひらく会理事、国語教科書・書写教科書編集委員（光村図書）。おもな著書に、『古典が好きになる―まんがで見る青山由紀の授業アイデア10』（光村図書）、『小学館の子ども図鑑 プレNEO 楽しく遊ぶ学ぶ こくごの図鑑』（小学館）など。

編・著 / WILLこども知育研究所

幼児・児童向けの知育教材・書籍の企画・開発・編集を行う。2002年よりアフガニスタン難民の教育支援活動に参加、2011年3月11日の東日本大震災後は、被災保育所の支援活動を継続的に行っている。主な編著に『レインボーことば絵じてん』、「絵て見てわかる はじめての古典」シリーズ、「せんそうって なんだったの？ 第二期」シリーズ（いずれも学研プラス）、「恐怖！おばけやしきめいろブック」シリーズ、「見たい 聞きたい 恥ずかしくない！ 性の本」シリーズ、「おもしろ漢字塾」シリーズ、『食の情報まるわかり！ ビジュアル食べもの大図鑑』（いずれも金の星社）など。

写真
フォトライブラリー

協力
羽賀絹恵

STAFF
イラスト ▶ どいまき、松本直美、やまおかゆか
編　　集 ▶ WILL（片岡弘子、小園まさみ、赤星智子、中越咲子、滝沢奈美）
デザイン ▶ WILL（川島 梓）
Ｄ Ｔ Ｐ ▶ WILL（小林真美、新井麻衣子）
校　　正 ▶ 村井みちよ

参考文献
『新編 あたらしいこくご 一下』（東京書籍）
『こくご 一下 ともだち』（光村図書）
『あしたへ ジャンプ 新編 新しい 生活 下』（東京書籍）
『いきいき せいかつ 下』（啓林館）
『せいかつ下 なかよし ひろがれ』（教育出版）
『せいかつ［下］みんな ともだち』（光村図書）
『みんなとまなぶ しょうがっこう せいかつ 下』（学校図書）
『わたしと せいかつ 下 ふれあい だいすき』（日本文教出版）

※この本では登録商標で普通名詞として使用されているものは、その名称を使用しています。

ことばって、おもしろいな
「ものの名まえ」絵じてん
学校

初版発行／2016年3月　第4刷発行／2024年1月

編・著／WILLこども知育研究所
監修／森山卓郎・青山由紀

発行所／株式会社金の星社
〒111-0056　東京都台東区小島1-4-3
TEL 03-3861-1861（代表）
FAX 03-3861-1507
ホームページ https://www.kinnohoshi.co.jp
振替 00100-0-64678

印刷／広研印刷株式会社　製本／株式会社難波製本

乱丁・落丁本は、ご面倒ですが小社販売部宛にご送付ください。送料小社負担にてお取替えいたします。
ⓒ WILL, 2016
Published by KIN-NO-HOSHI SHA,Tokyo,Japan
NDC 810　32ページ　26.6cm　ISBN978-4-323-04162-9

JCOPY 出版者著作権管理機構 委託出版物
本書の無断複写は著作権法上での例外を除き禁じられています。複写される場合は、そのつど事前に出版者著作権管理機構（電話 03-5244-5088、FAX 03-5244-5089、e-mail: info@jcopy.or.jp）の許諾を得てください。
※本書を代行業者等の第三者に依頼してスキャンやデジタル化することは、たとえ個人や家庭内での利用でも著作権法違反です。

ことばって、おもしろいな

「ものの名まえ」絵じてん

シリーズ全5巻　小学校低学年向き
A4変型判　32ページ　図書館用堅牢製本　NDC810（日本語）

1つ1つの名まえ、それらをまとめた名まえ。ものにはすべて名まえがあります。みぢかなものから、町やしぜんの中にあるものまで、このシリーズではたくさんのものの名まえに出合えます。はじめて出合う名まえはあるでしょうか。クイズやコラムを楽しみながら、ことばのせかいを広げましょう。

家

毎日の生活にかかせない〈テレビ〉や〈パソコン〉、〈れいぞうこ〉などの「電気せいひん」、〈セーター〉や〈ワイシャツ〉などの「ようふく」……。家にあるみぢかなものの名まえをしょうかいします。

学校

じゅぎょうでつかう〈えんぴつ〉や〈ものさし〉などの「ぶんぼうぐ」、音楽室の〈ピアノ〉や〈タンバリン〉などの「がっき」……。学校にあるものの名まえをあつめました。あなたの学校とくらべながら見てみましょう。

町

あなたの町には、どんな名まえのものがあるでしょうか。〈花やさん〉や〈本やさん〉などの「お店」、〈乗用車〉や〈トラック〉などの「車」のほか、町で見かけるものや場所の名まえをあつめました。

お店

〈いちご〉や〈もも〉などの「くだもの」、〈食パン〉や〈クロワッサン〉などの「パン」のほか、お店で売っているしなものの名まえがいっぱい！　お店やさんごっこもやってみましょう。

しぜんと生きもの

〈太陽〉や〈月〉、〈地球〉などの「星」、〈ライオン〉や〈しまうま〉、〈きりん〉などの「動物」のほか、しぜんや生きものにも名まえがあります。イラストとしゃしんで見てみましょう。